Dieter Karstropp

Aus der Reihe: e-fellows.net schüler-wissen

e-fellows.net (Hrsg.)

Band 3

Gedichtinterpretation mit Fokus auf Stilmittel & Expressionismus. Exemplarisch an "Die Nächte explodieren in den Städten" von Ernst Wilhelm Lotz

GRIN Verlag

Bibliografische Information der Deutschen Nationalbibliothek:

Die Deutsche Bibliothek verzeichnet diese Publikation in der Deutschen National-
bibliografie; detaillierte bibliografische Daten sind im Internet über http://dnb.d-
nb.de/ abrufbar.

Impressum:

Copyright © 2013 GRIN Verlag GmbH
Druck und Bindung: Books on Demand GmbH, Norderstedt Germany
ISBN: 978-3-656-46659-8

Dieses Buch bei GRIN:

http://www.grin.com/de/e-book/230601/gedichtinterpretation-mit-fokus-auf-stil-
mittel-expressionismus-exemplarisch

GRIN - Your knowledge has value

Der GRIN Verlag publiziert seit 1998 wissenschaftliche Arbeiten von Studenten, Hochschullehrern und anderen Akademikern als eBook und gedrucktes Buch. Die Verlagswebsite www.grin.com ist die ideale Plattform zur Veröffentlichung von Hausarbeiten, Abschlussarbeiten, wissenschaftlichen Aufsätzen, Dissertationen und Fachbüchern.

Gedichtinterpretation mit Fokus auf Stilmittel & Expressionismus –
exemplarisch an *„Die Nächte explodieren in den Städten"* von *Ernst
Wilhelm Lotz*

Inhaltsverzeichnis:

Vorwort:

Meine Intention zur Entstehung dieses Werkes war hauptsächlich mein Wissen über Gedichtinterpretationen und verschiedene lyrische Stilmittel, die ich in knapp zwei Jahren gesammelt habe, an andere Schüler weiterzugeben. Bei der Gedichtinterpretation haben mich seit dem Deutschunterricht immer die ungeheure Fülle an Stilmitteln interessiert, die man speziell zur Analyse von literarischen Texten zuziehen kann, leider werden diese, auch nach eigener Erfahrung, in vielen Unterrichten immer wieder vernachlässigt. Da Gedichte hermetische, also innerlich verschlüsselte Texte sind, ist es besonders wichtig, dass jedes einzelne Wort, in diesen recht kurzen Texten, interpretiert werden muss, ohne natürlich das Thema, also den Inhalt zu vernachlässigen. Ich möchte also hier den Schülern, speziell denen der gymnasialen Oberstufe, aber natürlich auch denen anderer Jahrgangstufen, eine Liste an Stilmitteln präsentieren – viele, die ich im Deutschunterricht kennen lernen musste, aber auch einige, die ich mir selbst zu Klausurvorbereitungen erarbeitet habe und die wohl recht umfassend für Gedichtinterpretationen an Gymnasien ausreichen werden. Zu den aufgelisteten Stilmitteln werde ich Erklärungen, vereinzelt auch Beispiele liefern. Den zweiten Teil der Arbeit stellt die praktische Anwendung in der Gedichtinterpretation/analyse, am Beispiel des expressionistischen Gedichts „Die Nächte explodieren in den Städten" von Ernst Wilhelm Lotz, das ich in einer Deutschklausur bearbeitet habe, und dabei eine gute Note erzielte, nach entsprechenden Verbesserungen meiner Deutschlehrerin habe ich diese Interpretation bearbeitet. Zusätzlich möchte ich noch einen Einblick in die Hintergründe der Kulturepoche Expressionismus liefern, falls man die Epochen/Zeitumständen in eine Interpretation mit einfließen lassen will, Informationen zur Biographie des Autors werde ich aber bewusst auslassen.

Mit diesem Werk möchte ich das oft abgelehnte Thema Gedichte den Lesern näher bringen, wobei dieser Aufsatz von einem Schüler für Schüler geschrieben wurde.

Stilmittelliste:

Formal:

Metrum:

Jambus: unbetont - betont (x **X**), liefert eine beschleunigende Sprechweise (z.B. *„Aufbruchsgedichte", Hektik, oft im Sturm und Drang, teils auch „tänzeln")*

Trochäus: betont - unbetont (**X** x), liefert verlangsamende Sprechweise ; *(Ruhe, Naturidylle, Ziel das Gedicht abzubremsen)*

Daktylus: betont – unbetont – unbetont (**X** x x*), (volksliedhaft, Tanz, teils auch in musikalischen Gedichten)*

Anapäst: unbetont – unbetont – betont (x x **X**)

Spondeus/Hebungsprall: betont – betont (**X X**), *(z.B. Bluttat)*

Chorjambus: unbetont – betont – betont – unbetont (x **X X** x), *(oft im Barock. z.B. Doch nah und fern)*

Alexandriner: sechshebiger Jambus mit einer Zäsur in der Mitte *(beliebt im Barock)*

Blankvers: fünfhebiger Jambus ohne Reim

Rhythmus: Bruch/Abweichung im Metrum; *(Sprechpause entsteht, lädt zum Nachdenken ein)*

Reimschema:

Paarreim: Reimschema (a a b b); *(oft idyllische Liebessituation, „Liebespaar")*

Kreuzreim: (a b a b); *(deutet auf Probleme in der Liebe hin)*

Umarmender Reim: (a b b a); *(sorgt für formalen Zusammenhalt im Gedicht)*

Schweifreim: (a a b c c b); *(Verbindung der Strophen untereinander)*

Binnenreim: Reim innerhalb eines Verses; *(Steigerung der Alliteration/Assonanz)*

Verschränkter Reim: Schweifreim der über mehrere Verse gezogen wird

Haufenreim: Verstärkte Version des Paarreims: (a a a a b b b b)

Zweckreim: Flapsiger, nur zwecksmäßiger Reim; *(häufig in modernen Gedichten), (z.B. „das war's aus meinem **Poesiealbum**/ und darauf reimt sich grobe **Viehhaltung**)*

Waise: reimloser Vers in einem Gedicht mit Reimschema

unreiner Reim: Zwei Verse die sich nicht perfekt reimen; (drückt Unstimmigkeit aus, z.B.: klamm und lahm)g

Weitere:

Zäsur: Komma/Satzzeichen in der Versmitte; *(eine Sprechpause ensteht, Metrum bricht zusammen, Einschub in der Zäsur deuten auf Wendepunkt im Gedicht hin)*

Enjambement: Ein Satz wird von einem Vers in den nächsten weitergeführt; Unterscheidung in:
- *schwaches Enjambement:* Bindewort zwischen den beiden Versen *(z.B. und)*
- *starkes Enjambement:* Satz wird pausenlos durchgeführt

Sekundenstil: Ein konsequent durchgesprochener Satz; *(zeitnahes Gefühl, „sekundengenau",
beliebt im Naturalismus → besonders viele Enjambements)*

Zeilenstil: Sätze enden an Versenden, viele Interjektionen; *(beliebt im Expressionismus,
Gefühlsausdruck → wenig/keine Enjambements)*

Anapher: Wiederholung des Anfangswortes eines Verses innerhalb des Gedichts

Epipher: Wiederholung des Endwortes eines Verses innerhalb des Gedichts

Chiasmus: Kreuzstellung einer Aussage, meist getrennt durch eine Zäsur *(z.B. Kunst ist lang, kurz ist
das Leben → Gegensatz von lang und kurz)*

Parallelismus: Wiederholung des Satzbaus eines Verses (nur Übereinstimmung der Form keine
identische Wiederholung!)

Bildlich:

Metapher: Bildliche Übertragung auf eine andere Ebene, teilweise regional bezogen; *(Schwan als
westliches Bild der Liebe)*

Symbol: Ein weltweit bekanntes Bild, das auch gleich aufgefasst wird; *(Feuer für Leben, Energie,
Macht, etc.)*

Emblem: verstärkte Form der Metapher, meist auch zeitlich anders aufgefasst, auch **Allegorie**
genannt; *(z.B. Justitia für Gerechtigkeit, Sensenmann; beliebt im Barock)*

Chiffre: Nur für eine bestimmte Zielgruppe gedacht, kann nicht von allen verstanden werden; *(oft
beliebt als Verschlüsselung von Botschaften im 3. Reich/DDR, z.B.: „Kaffefleck" für
Nationalsozialisten)*

Vergleich: Zwei Bilder werden durch **„wie"** verbunden und verglichen; *(z.B.: heiß wie die Flamme)*

Personifikation: Gegenstände und Tiere werden vermenschlicht; *(vgl. Fabeln: Meister Lampe)*

Verdinglichung: Menschen werden zu Gegenständen oder Tieren degradiert, auf Eigenschaften bezogen; *(z.B.: „hölzern wie ein Stuhl…")*

Pars pro Toto: „Ein Teil für das Ganze"; *(z.B. ein Kopf/Kleid für den gesamten Menschen)*

Epochales:

Pantheismus: Das Gefühl das Gott überall, in der Natur, ist; *(beliebt im Rokoko)*

Topos: Vorstellung eines perfekten Ortes/ Paradies, auch **locus amoenus** genannt; *(beliebt im Rokoko)*

Anachronismus: Wörter/Vorstellungen die zu der Zeit nicht gebräuchlich waren oder sind *(z.B.: in modernen Gedichten „holde Jungfer")*

Sprachlich/Lautlich:

Ellipse: Auslassung eines Wortes das eigentlich vorhanden sein müsste

Alliteration: Identische **Konsonanten**, auch versübergreifend und in der *Wortmitte (z.B. d-Alliteration: drei Drachen überdachten)*, **Klangcharakter:** harte Konsonanten wie: *k, z, t;* weiche Konsonanten: *w, d, b;* etc. → weißen auf Grundstimmung hin

Assonanz: Identische **Vokale und Umlaute** *(z.B. ä-Alliteration: ähnliche Ähren säßen)*, **Klangcharakter:** *a, e:* weiche Vokale; *i:* spitz, hart; *u:* klagend; *o:* männlich, melancholisch (situationsbedingt!) → Stimmungsdeuter

Akkumulatio: Begriffe die unweigerlich zusammenhören; *(z.B.: Feuer und Flamme, vereinfachte Form des Synonyms)*

Kadenzen: - *männlich:* am Versende unbetont – betont (x **X**)
- *weiblich:* am Versende betont – unbetont (**X** x)
(Wechsel der Kadenzen entsprechen in Gedichten oft den Geschlechtern eines Liebespaares)

Diminutiv: Verniedlichung *(z.B.: Mädchen → unschuldiger, lieblicher)*

Oxymoron: widersprüchliches Adjektiv/Adverb; *(z.B.: bittersüß)*

Synästhesie: Vermischung von Sinnen *(z.B. heller Ton)*

Pleonasmus/Tautologie: Ein überflüssiger Begriff als Beiwort *(z.B.: „weißer Schimmel", da jeder Schimmel weiß ist)*

Neologismus: Ein, vom Dichter, neu erfundenes Wort *(z.B.: schneeflockenschnell)*

Onomatopoetikum/Onomatopoesie: Lautmalerei (das gesprochene Wort klingt eigenständig); *(z.B.: „rauschen", wo man das Rauschen beim Sprechen hört oder „Bumm", „Knall", etc.)*

Repetitio: (Plural **Repetitiones**) Wortwiederholung in Gedicht (nicht mit Anapher/Epipher verwechseln!)

Correctio: Ein Wort wird im Gedicht wiederholt (Repetitio) dabei aber verbessert *(z.B. weiß/schneeweiß)*

Hyperbel: Ein übertriebener Ausdruck *(z.B.: „unendlicher Abgrund" – jeder Abgrund endet irgendwann)*

Euphemismus: Eine Beschönigung eines Begriffes *(z.B. „entschlafen" statt „sterben"; oft im Naturalismus)*

Kontrast: Zwei gegensätzliche/unstimmige Begriffe *(z.B.: schwarz und weiß)*

Antithese: Leichte Steigerung des Kontrasts → ruft Unstimmigkeit im Gedicht vor *(als Antithese wird auch die zweite Strophe eines klassischen Sonetts bezeichnet)*

Paradoxon: Eine ungewöhnliche Antithese, widerspricht der Logik *(z.B. weißer Mohr)*

Synonym/Hendiadyoin: Worte mit gleicher Bedeutung

Inversion: Ein Wort (v.a. Verb) steht an einer anderen Stelle im Satz, als es sollte

Interjektion: Ausruf *(z.B.: Ach, Oh, etc.)*

Rhetorische Frage: Laden den Leser zum Nachdenken ein

Hypotaxe: Wechsel zwischen Hauptsatz und Nebensatz
Parataxe: Aufeinanderfolgende Hauptsätze oder Nebensätze

Litotes: Eine doppelte Verneinung *(z.B.: nicht Unrecht haben)*

Hypophora: Art von rhetorischen Fragen, die allerdings nur das lyrische Ich beantworten kann

Klimax: Steigerung einer Begriffsreihe die sich über das Gedicht erstreckt *(z.B. Wut, Groll, Hass)* (üblicherweise über mindestens drei Begriffe, eine Klimax über 2 Begriffen ist aber auch möglich)

Antiklimax: Absteigende Klimax, Abschwächung der Begriffsreihe *(z.B. Inferno, Feuer, Flamme)*

Die Nächte explodieren in den Städten

1 Die Nächte explodieren in den Städten
2 Wir sind zerfetzt vom wilden, heißen Licht,
3 Und unsre Nerven flattern, irre Fäden,
4 Im Pflasterwind, der aus den Rädern bricht.

5 In Kaffeehäusern brannten jähe Stimmen
6 Auf unsre Stirn und heizten jung das Blut.
7 Wir flammten schon. Und suchten leise zu verglimmen,
8 Weil wir noch furchtsam sind von eigner Glut.

9 Wir schweben müßig durch die Tageszeiten,
10 An hellen Ecken sprechen wir die Mädchen an.
11 Wir fühlen noch zuviel die greisen Köstlichkeiten
12 Der Liebe, die man leicht bezahlen kann.

13 Wir haben uns dem Tode übergeben
14 Und treiben, arglos spielend vor dem Wind.
15 Wir sind sehr sicher, dorthin zu entschweben,
16 Wo man uns braucht, wenn wir geworden sind.

-Ernst Wilhelm Lotz-

Gedichtinterpretation

In dem Gedicht „Die Nächte explodieren in den Städten" von Ernst Wilhelm Lotz wird das Leben der Menschen innerhalb der Epoche des Expressionismus beschrieben und welche einzelnen zeitspezifischen Aspekte dieses beeinflusste.

Das Gedicht ist in vier Quartette eingeteilt, was eine äußerliche Ordnung und eventuell auch die immer wiederkehrenden, monotonen Tagesabläufe der Menschen aufzeigt, die keinerlei Veränderungen oder Brüche aufweisen. Die Metrik in diesem Gedicht ist ein durchgehender Jambus, dieser beschleunigt das Gedicht beim Lesen, dies kann man mit der ständigen Hektik ohne Pausen, um Kontakte zu knüpfen, der Menschen im Expressionismus vergleichen. Man findet nahezu durchgehend einen fünfhebigen Jambus dieser unterstützt wiederum die Ordnung des Gedichts, die aber an einzelnen Stellen (vgl. V. 10) durch einen sechshebigen Jambus unterbrochen wird. Dies stellt die herausgehobene Bedeutung der einzelnen Verse dar. In den Strophen wechseln die Kadenzen von einer weiblichen im ersten Vers der Strophe zu einer männlichen im zweiten Vers und einer weiblichen im dritten Vers, zu einer männlichen im vierten Vers. Dies verdeutlicht die Bindung zwischen den jeweils, sich nicht reimenden Versen, die ähnlich wie ein Mann und eine Frau zusammenpassen und aufeinander beziehen. Das Reimschema in diesem Gedicht ist ein durchgehender Kreuzreim innerhalb der Strophen: Dieser Kreuzreim verstärken wiederum die durch Kadenzen hergestellte Bindung, da die sich reimende Verse auf unterschiedliche Themen eingehen und somit die Handlung innerhalb des Gedichts vorantreiben. In diesem Gedicht sind drei Enjambement (vgl. V. 5 f.; V.11 f; V.13 f) zu finden, grundsätzlich liegen dem Gedicht ein für den Expressionismus typischen Zeilenstil vor. Dieser treibt die Handlungsverläufe ebenfalls voran, da er nicht erlaubt, dass ein Motiv über mehrere Verse behandelt wird. In diesem Gedicht ist durchgehend ein lyrisches Wir zu finden, was die Gleichsetzung der Probleme aller Menschen und die fehlende Individualität ausdrückt, ebenfalls kann das lyrische Wir den Leser selbst ansprechen und zum Nachdenken animieren.

In der ersten Strophe wird thematisch das Nachtleben in der Stadt beschrieben. Hierbei werden negative Aspekte über das Stadtleben vermittelt; dies geschieht durch einige negativ assoziierte Begriffe (vgl. V.1: „ Nächte explodieren"; V.2: „zerfetzt vom wilden"; V.3: „irre Fäden"). Diese vermitteln ein Unbehagen und das Leiden des lyrischen Wir. Innerhalb der ersten Strophe werden vor allem die Eindrücke und Gefühle des lyrischen Wir dem Leser vermittelt (vgl. V.3: „Und unsre Nerven flattern"). In Vers 1 und 2 wird die Stadt bei Nacht dargestellt, die man wiederum als unangenehm empfindet. Im ersten Vers findet man ein Onomatopoetikum (V.1: „explodieren"), das gesprochen einen wilden, einfachen und primitiven Eindruck der Stadt vermittelt. Ebenfalls im ersten Vers befindet sich eine ä-Assonanz (V.1: „Nächte"; „Städten"), die die Verbindung der Stadt bei Nacht noch verstärkt. Im zweiten Vers wird die helle und ständige Beleuchtung einer Stadt in der Nacht beschrieben. Man findet eine w- Alliteration (V.2: „Wir"; „wilden"), das die vom lyrischen Wir unangenehm empfundene Beleuchtung noch weiter verstärkt. Ebenfalls findet man eine i-Assonanz (V.2: „Wir sind zerfetzt vom wilden, heißen Licht"), ein eher schriller und heller Laut, der ebenfalls dem Leser ein unangenehmes

Gefühl transportieren soll. Auch die Antithese „wildes Licht" (V.2), das dem Licht nahezu eine Charaktereigenschaft verleiht und somit auch als schwache Personifikation, sowie Synästhesie anzusehen ist, sowie die Antithese „zerfetzt vom Licht" (V.2), da Licht nicht in der Lage ist, Körper zu zerfetzen, transportiert ein scheinbares Leiden des lyrischen Wir. Im dritten und vierten Vers wird die Reaktion darauf beschrieben. Im dritten Vers findet man eine u-Assonanz (V.3: „Und unsre") die das Gesamtgefühl einer Masse und auch ein Mitleidsgefühl verstärkt. Auch findet man ein pars pro tot und eine Verdinglichung im Ausdruck „Nerven flattern" (V.3). Ersteres ersetzt den Begriff des Menschen durch ein Körperteil der auch als „irre Fäden" näher bezeichnet wird (V.3), was auch die Hilflosigkeit der einzelnen Menschen verstärkt, die Verdinglichung bringt den menschlichen Körperteil „Nerven" auf einen Gegenstand „Fäden", was auch die Ausweglosigkeit des lyrischen Wir unterstreicht. Die f-Alliteration (vgl. V.3: „flattern"; „Fäden") verstärkt des Weiteren diesen Prozess. Zwischen Vers 1 und 3 befindet sich trotz des durchgängigen Reimschemas ein unreiner Reim (vgl. V1: „Städten"; V.3: „Fäden"), dieser grenzt die beiden Versen thematisch nochmal voneinander ab und stellt den Übergang vom Allgemeinen zum Menschen dar. Im vierten Vers wird das Verhalten der „irren Fäden" näher beleuchtet, sie wehen im „Pflasterwind, der aus den Rädern bricht" (V.4). Dies könnte auf die beginnende Mobilisierung schließen lassen. Die „Räder" sind hierbei ein pars pro toto für ein Automobil, das „Pflaster" ein pars pro toto für eine Straße. Durch diese Herabsetzung der Gefahr wird aber die Furcht vor der allgemeinen Technisierung und rasanten Modernisierung des lyrischen Wir verschleiert. In der gesamten Strophe befindet sich eine ä-Assonanz (vgl. V.1: „Nächte"; „Städte"; V.3: „Fäden"; V4: „rädern"). Diese schafft noch eine zusätzliche Einheit innerhalb der Strophe. In jeder Strophe des Gedichts befindet sich die Anapher „Wir" bzw. „Wir sind" an dem jeweils dritten Vers der Strophe (vgl. V.7, V.11, V.15). Ausnahme ist hierbei die erste Strophe, in der die Anapher im zweiten Vers steht. Dies stellt die Sonderposition dieser Strophe als eine Art Einleitung heraus.

In der zweiten Strophe wird von einer Aufbruchsstimmung gesprochen (vgl. V.7), die sich in den Kaffeehäusern gebildet hat (V.5, V.6); aber daraufhin jäh zum Erliegen kommt (vgl. V.8). Man findet einen Wendepunkt innerhalb des siebten Verses („Wir flammten schon. Und suchen leise zu verglimmen"), der durch das Satzzeichen in der Mitte als Zäsur heraussticht. Bei diesem Wendepunk kann man näher über den Charakterzug und Verhalten des lyrischen Wir erfahren. In dem fünften und sechsten Vers wird beschrieben, wie das lyrische Wir durch „jähe Stimmen" (V.5) zur Tat ermutigt wird (vgl. V.6: „heizten"), die zugleich als Antithese den Leser zum Verstehen anregt. Man findet in dem fünften Vers eine Klimax, die sich bis zum siebten Vers erstreckt. Hierbei wird das Motiv des Feuers bzw. Brennens gesteigert (vgl. V.5 ff: „brannten"; „heizten"; „flammten"). Ort der Handlung sind die „Kaffeehäuser" (V.5), die die Klimax einleiten, da Kaffeehäuser für gewöhnlich selbst warme, wenn nicht sogar heiße Orte sind, an denen man sich für Gespräche trifft. Das lyrische Wir wird von „jähen Stimmen" angestachelt. Man findet zwischen dem fünften und sechsten Vers sowohl eine j-Alliteration (V.5: „jähe"; V.6: „jung"), als auch eine st-Alliteration (V.5: „Stimmen"; V.6: „Stirn") die die Verbindung der einzelnen Wörter aber vor allem beider Verse miteinander herstellen. Die „Feuermetapher" wird bis zu der Zäsur in Vers 7 geführt, dort bricht sie am Wendepunkt zusammen (V.7: „flammten schon. Und suchen leise zu verglimmen"). Daraufhin findet man eine Antiklimax zwischen Vers 7 und 8 („verglimmen"; „Glut") die im Kontrast zu der vorrausgegangenen Klimax steht. Der Wendepunkt steht hierbei im Zentrum, durch die Stilmittel wird vor allem der gebrochene Wille des lyrischen Wir gezeigt, es fürchtet sich vor seiner eigenen Haltung und Aufbruchsstimmung (V. 8: „Weil wir noch furchtsam sind vor eigner Glut."). Das lyrische Wir, das in dem fünften und sechsten Vers erstmals Selbstbewusstsein gefunden hat und etwas verändern wollte, bemerkt, dass es sich aber keinem widersetzen kann, dies wird vor allem durch die Feuermetapher, die auch eine Personifikation ist (vgl. V.8: „eigner Glut") und somit als Charakter bzw. menschlicher Wille gedeutet werden kann, transportiert: Es schürt seinen Willen, also sein Feuer an und hätte Möglichkeit sein in Strophe 1 beschriebenes Leben zu verändern, hat aber Angst vor den Möglichkeiten. Diese Schlüsselstelle im siebten Vers fällt durch den sechshebigen Jambus ins Auge, der vom gewöhnlichen Metrumschema abweicht und den Leser aufmerksam werden lässt. Auch durch die w-Alliteration (V.7: „Wir"; V.8: „Weil wir") und die Repetitio des „Wir" (V.7; V.8) wird zum einen die Verbundenheit der beiden Verse, in Abgrenzung zu den fünften und sechsten Versen, gestärkt, aber auch noch die fehlende Individualität in der Masse verdeutlicht, die man als eine Art Rechtfertigung im Gruppenzwang deuten könnte.

Während die erste und zweite Strophe in einem negativen Bild dargestellt werden steht die dritte Strophe nun im Kontrast dazu in einem scheinbar besseren Licht. Das geschieht durch positiv konnotierte Begriffe (V.9: „schweben"; „Tageszeiten"; V.19: „hellen"; „Mädchen"; V.11: „Köstlichkeiten"; V.12: „Liebe"; „leicht"). Während die erste Strophe von der Stadt in der Nacht handelt, wird nun das Stadtbild am Tag beschrieben. Der neunte und zehnte Vers beschreiben, wie das lyrische Ich seinen Tagesablauf führt und wie es Kontakte zu Mädchen knüpft. Der neunte Vers macht einen idyllischen Eindruck, dieser wird verstärkt durch das Onomatopoetikum „schweben" (V.9), das gesprochen einen leichten, wohlklingenden Höreindruck gibt. Zusammen mit dem Adjektiv „Müßig" (V.9) erweckt es den Eindruck, dass die

Menschen vollkommen friedlich ihre Aufgaben erledigen, ähnlich wie z.B. Bienen, die ebenfalls in der Masse leben, könnte aber auch auf die Hektik der einzelnen Menschen am Tag schließen. Auch durch die d-Alliteration (V.9: „durch"; „die") wird ein einheitsstiftender Eindruck erweckt. Die „hellen Ecken" (V.10) erwecken durch den friedlichen Farbcharakter Idylle. Diese wird auch noch im Diminutiv „Mädchen" (V.10) ausgedrückt, da dieser Ausdruck freundlicher und lieblicher klingt als Frauen. Die Verse 11 und 12 handeln davon, wie das lyrische Wir mit den Mädchen umgeht und was es dabei empfindet. Es spricht dabei von „greisen Köstlichkeiten" (V.11) und einer „Liebe, die man leicht bezahlen kann" (V.12). Dies könnte man durchaus euphemistisch deuten, aber es könnte sich ebenfalls auf die Prostitution in der Stadt beziehen (vgl. V.11: „Köstlichkeiten"; V.12: „Liebe, die man leicht bezahlen kann"). Hierbei begnügt sich das lyrische Wir mit den Mädchen, die Prostituierte sein könnten. Geht man auf diese Deutung ein, lassen sich Vers 9 und 10 wie in einem hermeneutischen Zirkel nun anders lesen: Die Mädchen stehen, offenbar ohne Konsequenzen, an „hellen Ecken" (V.10), es gehört anscheinend vollkommen zum Tagesablauf dazu (vgl. V.9: „Wir schweben müßig durch die Tageszeiten"). Man könnte nun die gesamte Strophe als einen bewussten Euphemismus deuten (vgl. V.10: „Mädchen"; „hellen Ecken", V.11: „Köstlichkeiten"), möglicherweise findet man auch hier Ironie (vgl. V.9, V.12). Auch eine e-Assonanz (vgl. V.9 f: „schweben"; „hellen Ecken"), die einen hellen und freundlichen Klang erzeugen verstärken diesen Euphemismus. Die Personifikation „greisen Köstlichkeiten" (V.11) könnte allerdings auch die Vergänglichkeit dieser Liebesdienste implizieren. Besonders aufmerksam lässt aber die Beziehung werden, in der der zehnte und elfte Vers stehen. Wieder findet man hier einen sechshebigen Jambus. Dies erregt die Aufmerksamkeit des Lesers und lädt zum erneuten Lesen ein, da hier der Knackpunkt der Interpretation und der Deutung der Strophe liegt. Durch die männliche Kadenz in Vers 11 wird ebenfalls die Bindung des lyrischen Wir mit den Mädchen verstärkt. Der Ausdruck der „Liebe" (V.12) wird hier höchstwahrscheinlich ironisch sein, da diese Dienste nur zur erotischen Befriedigung dienen. Die l-Alliteration (vgl. V.12: „Liebe"; „leicht") weißt ebenfalls auf die Doppeldeutigkeit dieses Verses hin. Ebenfalls durch die Repetitio „Wir" (vgl. V.9 ff) wird ein Zusammenhalt dieser Verse gestiftet, noch verstärkt durch die Überbrückung der Verse 11 und 12 durch das Enjambement, wobei sich der vierte durch seine ironische Bedeutung abhebt. Tatsächlich wird hier der scheinbar friedliche Ausdruck durchbrochen, die Sympathie mit dem lyrischen Wir geht aufgrund des Umgangs mit den „Mädchen" verloren, da sein Charakter hier eine negative Facette erhält.

Die vierte Strophe handelt von der Sorglosigkeit im Leben des lyrischen Wir. Er hat sich hier „dem Tag übergeben" (V.13). Dieser Vers steht im Kontrast zur ersten

Strophe, die die negative Nacht thematisiert, aber vor allem zur zweiten Strophe. Während dort das lyrische Wir noch eine Veränderung erwägt, aber aufgibt, hat es hier anscheinend vollkommen den Willen verloren (vgl. V.14: „arglos spielend"). Die vierte Strophe dient insgesamt als Resümee, in dem auch vorherig erwähnte Begriffe wieder aufgenommen werden (vgl. V.4: „Pflasterwind"; V.14: „Wind"; V.9: „schweben"; V.15: „entschweben"), was wiederum als eine Correctio angesehen werden kann, die eine Verbindung dieser beiden Strophen herstellt. Sowohl metrisch, als auch im Reimschema weist diese Strophe keine Auffälligkeiten auf. Dies könnte als die nun eingetretene Monotonie im Leben des lyrischen Wir gedeutet werden, dass sich scheinbar ergeben hat. In Vers 13 und 14 spricht das lyrische Wir, dass es sich dem Tage zugewandt hat, der ihm ja „Köstlichkeiten" (vgl. V.11) bietet. Der Übergang zwischen den beiden Versen wird durch ein leichtes Enjambement (vgl. V.13 f) hergestellt. Wieder ist eine stille und euphemistische Idylle aufgebaut (vgl. V.14: „treiben, arglos spielend vor dem Wind"), was auch als eine Art der Verdinglichung gesehen werden kann, da das lyrische Wir scheinbar ohne Probleme vom Wind gefasst wird, oder auch als eine Antithese, da ein Mensch nicht im Wind treiben kann. Dies kann als eine Verstärkung der Idylle und Monotonie gedeutet werden. Allgemein wird hier ein sicherer Ort beschrieben (vgl. V.14: „arglos"; V.15: „sehr sicher"), der dem Leser ein positives Bild vermittelt. In Vers 15 und 16 das Thema Zukunft und möglicher Tod angesprochen, das lyrische Ich erzählt, dass es sicher sei zu einem Ort zu schweben, an dem man es braucht, wenn es geworden ist (vgl. V.15 f). Die Wendung „wenn wir geworden sind" (V.16) könnte eventuell als ein Euphemismus für sterben angesehen werden, der verwendet wird, um die Idylle aufrechtzuerhalten. Durch die s-Alliteration (V.15: „sind sehr sicher") wird die Unumstößlichkeit verstärkt, dass das lyrische Wir seinen Willen verloren hat. Eine Verdinglichung (V.16: „Wo man uns braucht") bei der man den Eindruck erhält, das das lyrische Wir nur noch ein Gegenstand ist, macht die Ausweglosigkeit der Situation klar. Zwischen Vers 13 und 15 befindet sich zusätzlich die Anapher „Wir", die die Bindung der beiden Reimverse verstärkt.

Im Allgemeinen könnte man deuten, dass das lyrische Wir, anfangs noch ambitioniert, verschreckt durch die Stadt, sein Leben verändern wollte, aber seinen Willen offenbar verlor, resignierte und dabei die guten und einfachen Seiten der Stadt kennenlernte, sodass am Ende der Wille der Masse vollkommen gebrochen war.

Expressionismus

Viele Probleme des **Expressionismus** werden in diesem Gedicht beschrieben. Die Kulturepoche des Expressionismus hatte ihre Glanzzeit am **Beginn des 20. Jahrhunderts**, genauer von ungefähr **1910 bis 1925** (in der Literatur). Damit folgte sie der Literaturepoche des **Symbolismus** und fand vor dem **Dadaismus** statt, obwohl es bei Epochen auch zeitliche Überschneidungen gibt. Ein Grundproblem, das sich durch alle Strophen zieht ist die **Urbanisierung** (vgl. V.1), die Menschen wohnten aufgrund veränderter Lebens- und Arbeitsbedingungen nun auf **engstem Raum**. Ein daraus resultierendes Problem war zum einen die **verringerte Privatsphäre** in den engen Wohnungen, zum anderen aber auch die **fehlende Individualität in der Masse** (vgl. lyrisches WIR), in der ständigen **Hektik** und Betrieb der Großstädte kamen die Menschen nicht mehr dazu enge Kontakte zu knüpfen und gingen unter ihren Mitbürgern förmlich verloren (vgl. Kafkas „Der Proceß"), fühlten sich also **allein in der riesigen Masse**. Auch die aufkommende **Technisierung** (vgl. V.4: „Räder") und **Mobilisierung** mit Erfindung des Automobils und neuer Verkehrsmöglichkeiten verschreckte die Menschen. Das Leben des Einzelnen wurde hektischer. Man könnte auch die Macht des **Obrigkeitsstaats** in dem Gedicht finden und mit ihm das **Individuum als Untertan**, das sich ihm nicht widersetzen kann (vgl. Feuermetapher Strophe 2). In Deutschland wurde der Obrigkeitsstaat durch das **Kaiserreich** dargestellt, der Einzelne fühlte sich als Untertan für einen ihm fremden Kaiser, auch kam um die Zeit des 1. Weltkriegs eine zunehmende **Militarisierung** in der Bevölkerung auf. Allgemein wurden die ehemals **traditionellen Werte stark erschüttert**, was in eine **Orientierungslosigkeit** mündete, die Leute waren verunsichert und viele gaben daraufhin die Hoffnung auf ein besseres Leben auf (vgl. V.7, V.14 f), als Folge musste eine **moralische Erneuerung** her. Auch Probleme wie Prostitution und eine neue Offenheit mit Liebe und Sexualität kamen mit der Jahrhundertwende (vgl. V. 10 ff) auf. Die geistige Erschütterung der Bevölkerung basierte aber auf mehrere Faktoren. Zum einen führte die Neuumstellung in der Arbeitswelt in die bisher relativ unbekannte **Bürokratisierung**, die auch ihre Probleme in sich barg, zum anderen wurde speziell in der Technisierung der Glaube an die Übermacht des Menschen u.a. durch den Untergang der **Titanic** in der Bevölkerung erodiert. Neue wissenschaftliche Innovationen führten zwar zu einer allgemeinen Aufgeklärtheit, andererseits existierte überall noch **irrationaler Aberglaube**, als Beispiel wäre hier die Angst des Volkes vor dem Weltuntergang durch einen Einschlag des **Halleyschen Kometen**. Auch die Naturwissenschaften und Geisteswissenschaften beeinflussten die Bevölkerung immer mehr, zwar waren die **3 Kränkungen der Menschheit** schon recht lange bekannt, allerdings wurden Darwins und Freuds Erkenntnisse erst zu dieser Zeit auch aufgenommen. Bei den 3 Kränkungen handelt es sich um:

1. Die Erkenntnis das die Erde nicht im Mittelpunkt des Universums ist (Kopernikus, Darwin)

2. Der Mensch nicht die „Krone der Schöpfung ist" und „vom Affen abstammt" (Darwin)

3. Das der Mensch nicht immer sein eigenes Handeln und Entscheidungen bewusst bestimmt (Freud, **Modell der Psychoanalyse in Über-Ich/ Ich / Es**).

Auch der Philosoph Nietzsche trug mit seinem populären **Nihilismus** zur Verunsicherung bei. Teilaussagen sind das alle **Werte entwertet** werden sollen, die Aussage **„Gott ist tot"**, was zu der **transzendentalen Obdachlosigkeit** und mit ihr zu einer Erhöhung an Atheisten führte. Der **1. Weltkrieg** musste noch verarbeitet werden, der moderne Krieg brachte große Opfer mit sich und Kriegstraumas mit sich. Der expressionistische Mensch, besonders Künstler, fühlten **ein Leid durch Verlogenheit,** spürten eine **Sinnlosigkeit des Lebens**, Depressionen (vgl. Trakl) und stellten **Forderungen nach der Wahrhaftigkeit**. Ihre radikalsten Ausmaße nahm diese weltweite Angst in Zunahme von **Fanatismus**, fehlgeleiteter Weltverbesserer und **Sozialismus.** Auch die Kunst, in unserem Falle die Literatur wurde nahezu revolutioniert: veränderte Formen traten auf: Der Rhythmus wurde mehr betont, zugleich auch freier, viele Ich-bezogene Metaphern tauchten in den Gedichten auf, drastische Bilder verwendet. Ausrufe, Neologismen, der Zeilenstil, Interjektionen, asyntaktischer Satzbau, Lautgesang und Konsonanten tauchten in Gedichten nun häufiger auf. Kurzum: Der Ausdruck, oder auch **Pathos** kam in den Vordergrund, Gefühle durften freiheraus ausgedrückt werden, Gefühle galten mehr als rationaler Verstand und manche Gedichte bekamen dadurch einen feierlichen Aspekt. Die wohl bedeutendste Entwicklung war der **Stilpluralismus**, bei dem andere Richtungen und Elemente aus vorherigen Epochen wieder neu aufgegriffen wurden. So wurde zum Teil auch wieder die klassische Sonettform populär (vgl. Brecht), aus Gedichten wurde nun zitiert, dabei aber auch der Inhalt ironisch abgewertet. Allgemein waren die Folgen für Kunst und Literatur eine neue Sprache, neue Themen und neue Sprachbilder die auch in diesem Gedicht angesprochen wurden.